Gilbert **Delahaye** ◆ Marcel **Marlier**

martine

garde son petit frère

casterman

• Découvre les personnages de cette histoire •

Martine

Joyeuse et curieuse, Martine adore s'amuser avec ses amis et son petit chien Patapouf. Ensemble, ils découvrent le monde et vivent de véritables aventures. Une chose est sûre : avec Martine, on ne s'ennuie jamais !

Paul

Paul est le petit frère de Martine et Jean. Il est adorable et Martine adore s'occuper de lui… Tous les deux s'amusent comme des fous, surtout quand leurs parents sont absents !

Patapouf

Ce petit chien est un vrai clown ! Il fait parfois des bêtises… mais il est si mignon que Martine lui pardonne toujours !

Aujourd'hui, les parents de Martine emmènent Jean à un championnat de judo, dans la ville voisine. Ils y seront jusqu'à ce soir..
Martine, elle, reste à la maison pour garder Paul.
« Déjà huit heures ! pense-t-elle. Paul va bientôt se réveiller. »
Elle écarte les rideaux et ouvre la fenêtre. C'est une belle journée qui commence !

– Coucou, Paul… Tu as bien dormi ?

Le bébé sourit dès qu'il aperçoit sa sœur et tend les bras pour avoir un câlin.

– C'est l'heure de se lever, dit Martine en le serrant contre elle. On va passer une bonne journée, tous les deux !

– D'abord, un petit bain ! Histoire de se débarbouiller après une nuit de sommeil…

Paul a sa propre baignoire, bien à sa taille.

Martine le frotte avec un gant de toilette, sous le regard amusé de Patapouf et Moustache. Tous deux détestent prendre des bains, mais ils adorent voir les autres se laver !

Après le bain, Martine masse Paul avec de l'huile d'amande.

– On en met sur tout le corps, explique-t-elle, pour avoir la peau toute douce.

Le bébé a l'air d'apprécier !

Patapouf glapit d'envie. Lui aussi aimerait bien qu'on lui fasse un petit massage !

– Maintenant, on s'habille, annonce Martine en posant son frère sur la table à langer. D'abord un tee-shirt, ensuite ce sera la couche !

« Mais comment s'attache ce petit lien ? se demande Martine. Par un nœud dans le dos... ? »

– Eh ! Paul ! N'en profite pas pour t'enfuir !

C'est l'heure du biberon. La maman de Martine a laissé tout ce qu'il faut à la cuisine.

– De l'eau, six cuillerées de lait en poudre, puis on agite ! récite la fillette pour ne pas se tromper.

Pendant ce temps, Patapouf fait un câlin à Paul.

– Toi aussi, tu ferais un excellent baby-sitteur ! le félicite Martine.

Paul tète jusqu'à la dernière goutte. Un vrai petit glouton !

Martine n'oublie pas de l'aider à faire son rot pour qu'il n'ait pas mal au ventre.

Puis, pendant qu'il digère, elle se balance sur son fauteuil en chantonnant :

« Bravo, mon petit Paul, tu as bu tout ton lait… »

Bonne nouvelle : il fait très beau aujourd'hui !

– On va se promener au parc ?

Le bébé sourit et agite les bras. Ça veut dire « oui » !

Martine l'installe dans sa poussette.

– Voici ton doudou et un petit drap pour que tu n'attrapes pas froid.

C'est parti !

Au parc, Martine croise ses meilleures amies.

Les trois filles se précipitent autour de la poussette.

– Tu es venue avec Paul ! s'écrie Clara.

– Coucou, bébé… dit Sophie.

– Il est tellement mignon… murmure Julie.

Martine est la plus fière des grandes sœurs.

Pas de doute : Paul est la star du parc !

Dès qu'elle rentre à la maison, Martine installe son frère dans le jardin, bien à l'abri sous un parasol.

– C'est l'heure de la sieste, chuchote-t-elle. Patapouf, pas un bruit ! Compris ?

Tout semble calme, mais la fillette n'a pas vu le chat, immobile sur un banc...

Tout à coup...

Gling ! Glang ! Patatras !

– Qu'est-ce qui s'est passé ?

C'est Moustache qui a vu passer une souris ! En voulant l'attraper, il a renversé un seau en fer et le balai qui était dedans...

– Oh, non ! s'écrie Martine. Tu as réveillé Paul !

– Miaou... répond le chat, comme pour dire « pardon ».

Heureusement, Paul est vite consolé. Déjà, il ne pense plus qu'à jouer !

Martine le pose sur le petit âne à bascule dans le jardin.

– Tu peux t'accrocher aux poignées, explique-t-elle. Allez, au galop !

Paul s'amuse comme un fou ! Il se balance de plus en plus fort !

Moustache et Patapouf ne sont pas rassurés…

– Ne vous inquiétez pas, leur dit Martine. Je garde ma main sur son dos. Et, de toute façon, sa petite ceinture l'empêche de tomber.

Martine pose son frère dans l'herbe.

– Tiens, voilà Noisette, l'agneau de M. Martin, le fermier.

Dès qu'il aperçoit l'animal, Paul veut se lever… mais il ne sait pas encore marcher !

– Je vais t'aider, dit Martine en lui tenant le bras. Un pas… un autre… Bravo, Paul !

Quand il est tout près, Paul se met à quatre pattes.
Puis il essaie de caresser l'agneau, mais celui-ci n'arrête pas de faire des bonds.

– C'est normal qu'il soit un peu agité, explique Martine. Noisette aussi est un bébé, comme toi. D'ailleurs, vous avez peut-être le même âge !

Déjà six heures...

– Tu dois avoir faim, Paul ! dit Martine.

Elle l'installe dans sa chaise de bébé et apporte un petit pot.

– Je souffle pour que la purée ne soit pas trop chaude.

Patapouf suit la cuillère des yeux. Pourvu qu'on lui laisse quelques restes !

La nuit est tombée, les étoiles brillent. Martine change Paul et le met en pyjama.

– Je te chante une petite berceuse ?

Dodo, l'enfant do,
L'enfant dormira bien vite
Dodo, l'enfant do,
L'enfant dormira bientôt.

Et maintenant, au lit !

Paul s'endort dès qu'il est allongé.
– Fais de beaux rêves… souffle Martine. Demain matin, c'est papa et maman qui viendront te réveiller. Moi, je ferai la grasse matinée… Ce sera bien mérité !

Retrouve martine dans d'autres aventures !

Gilbert Delahaye • Marcel Marlier
martine
au parc
casterman

Gilbert Delahaye • Marcel Marlier
martine
garde son petit frère
casterman

Gilbert Delahaye • Marcel Marlier
martine
fête son anniversaire
casterman

Gilbert Delahaye • Marcel Marlier
martine
jardine
casterman

Gilbert Delahaye • Marcel Marlier
martine
fait du vélo
casterman

Gilbert Delahaye • Marcel Marlier
martine
petit rat de l'opéra
casterman
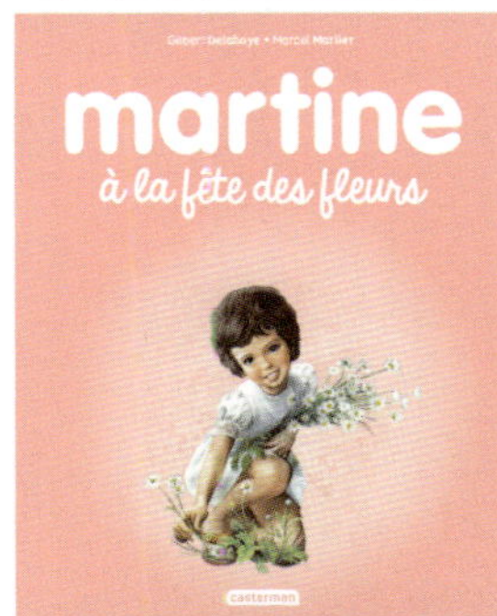
Gilbert Delahaye • Marcel Marlier
martine
à la fête des fleurs
casterman

Gilbert Delahaye • Marcel Marlier
martine
fait la cuisine
casterman

Gilbert Delahaye • Marcel Marlier
martine
apprend à nager
casterman

Gilbert Delahaye • Marcel Marlier
martine
est malade
casterman

Gilbert Delahaye • Marcel Marlier
martine
en vacances
casterman

Gilbert Delahaye • Marcel Marlier
martine
prend le train
casterman

Gilbert Delahaye • Marcel Marlier
martine
fait de la voile
casterman

Gilbert Delahaye • Marcel Marlier
martine
et le petit moineau
casterman

Gilbert Delahaye • Marcel Marlier
martine
et le petit âne
casterman

Gilbert Delahaye • Marcel Marlier
martine
fête maman
casterman

Gilbert Delahaye • Marcel Marlier
martine
en montgolfière
casterman

Gilbert Delahaye • Marcel Marlier
martine
à l'école
casterman

Gilbert Delahaye • Marcel Marlier
martine
découvre la musique
casterman

Gilbert Delahaye • Marcel Marlier
martine
a perdu son chien
casterman

Gilbert Delahaye • Marcel Marlier
martine
dans la forêt
casterman

Gilbert Delahaye • Marcel Marlier
martine
et le cadeau
d'anniversaire
casterman

Gilbert Delahaye • Marcel Marlier
martine
et la sorcière
casterman

Gilbert Delahaye • Marcel Marlier
martine
un mercredi
pas comme les autres
casterman

Gilbert Delahaye • Marcel Marlier
martine
la nuit de Noël
casterman

Gilbert Delahaye • Marcel Marlier
martine
déménage
casterman

Gilbert Delahaye • Marcel Marlier
martine
se déguise
casterman

Gilbert Delahaye • Marcel Marlier
martine
et les chatons
casterman

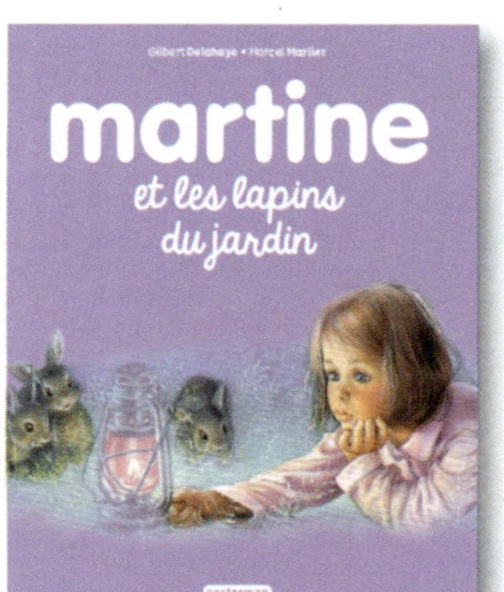
Gilbert Delahaye • Marcel Marlier
martine
et les lapins
du jardin
casterman

Gilbert Delahaye • Marcel Marlier
martine
à l'hôpital
casterman

Gilbert Delahaye • Marcel Marlier
martine
baby-sitter
casterman

Gilbert Delahaye • Marcel Marlier
martine
en classe de découverte
casterman

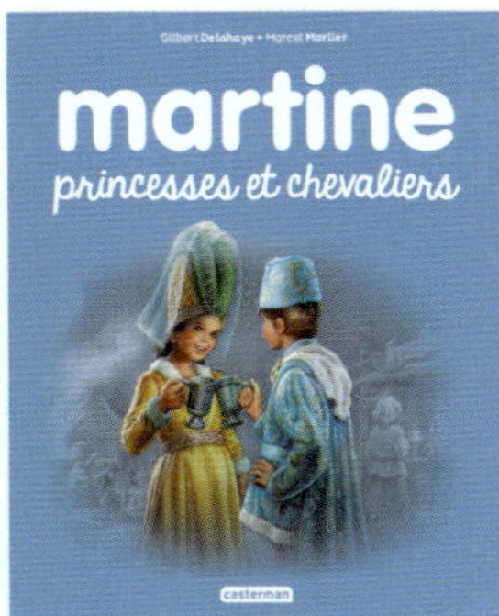

Casterman
Cantersteen 47, boîte 4
1000 Bruxelles
Belgique

www.casterman.com

ISBN : 978-2-203-10668-0
N° d'édition : L.10EJCN000482.A007

D'après les albums de Gilbert Delahaye et Marcel Marlier.
Achevé d'imprimer en octobre 2019, en France par PPO
(10 rue de la Croix Martre, 91120 Palaiseau).
Dépôt légal : mars 2016 ; D.2016/0053/87
Déposé au ministère de la Justice, Paris (loi n°49.956
du 16 juillet 1949 sur les publications destinées à la jeunesse).

Disney Princesses

Blanche-Neige et les Sept Nains

hachette
JEUNESSE

Dans un royaume lointain vit une princesse appelée Blanche-Neige. Sa mère est morte en la mettant au monde. Par la suite, son père s'est remarié avec une femme belle, mais cruelle. Quand le Roi est mort à son tour, elle a fait de Blanche-Neige une servante. Pourtant, malgré l'injustice de son sort, la jeune fille n'a jamais perdu sa joie de vivre.

La Reine a un miroir magique qu'elle questionne souvent à propos de sa beauté. Ainsi, elle est certaine d'être la plus belle. Jusqu'au jour où le miroir lui fait une autre réponse :

– Majesté, une jeune fille en haillons vous surpasse en beauté. Sa peau est blanche comme la neige, ses cheveux noirs comme l'ébène et ses lèvres rouges comme le sang.

– Blanche-Neige ! s'écrie la Reine.

Au même moment, Blanche-Neige travaille en chantant. Sa jolie voix attire un jeune prince qui passait par-là. Surprise par son apparition, la jeune fille se réfugie à l'intérieur du château.

Le prince tombe amoureux d'elle au premier regard :

– Pour toi, je le proclame, je n'ai qu'un chant d'amour… chante-t-il.

Séduite, Blanche-Neige lui envoie un baiser !

La Reine a tout vu depuis sa fenêtre. Dévorée par la jalousie, elle convoque le chasseur du château :
– Conduis Blanche-Neige dans la forêt, dans un lieu isolé. Et là, tu la tueras !
– La princesse ? s'étonne le chasseur.
– Silence ! Si tu échoues, tu seras mis à mort. Et n'oublie pas de me rapporter son cœur dans ce coffret.

Contraint d'obéir à la Reine, le chasseur conduit Blanche-Neige dans les bois. La jeune fille cueille des fleurs en pensant à son prince quand soudain, elle trouve un oisillon perdu :

– Bonjour toi, lui dit-elle doucement. Regarde, tes parents sont là !

Agenouillée dans l'herbe, elle ne voit pas que le chasseur dégaine son couteau...

Quand la jeune fille se retourne, le chasseur s'apprête à la poignarder ! Mais devant le visage terrifié de Blanche-Neige, sa main tremble. Il lâche son couteau.

– Je ne peux pas ! s'écrie-t-il en tombant à genoux. La Reine est folle de jalousie, elle m'a ordonné de vous tuer. Vite, mon enfant, partez, et ne revenez jamais !

Alors Blanche-Neige s'enfuit. Elle court à perdre haleine dans les bois. Bientôt, la nuit tombe. La forêt s'emplit d'ombres menaçantes, des branches s'accrochent à la jeune fille, comme autant de doigts crochus. Terrifiée, épuisée, elle finit par se jeter au sol en sanglotant.

Au petit matin,
des animaux s'approchent
de Blanche-Neige avec curiosité.
– Que faites-vous quand tout va mal ?
leur demande-t-elle en séchant ses larmes.
Des oiseaux lui répondent en sifflant.
– Vous chantez ! s'écrie-t-elle.
Reprenant espoir, elle chante à son tour,
entourée de ses nouveaux amis.

– J'ai le cœur en fête à présent, dit Blanche-Neige aux animaux. Mais je vais avoir besoin d'un abri. Connaissez-vous un endroit où je pourrais passer la nuit ?

Aussitôt, les animaux l'entraînent jusqu'à une petite chaumière cachée dans une clairière.

– Une vraie maison de poupée ! déclare Blanche-Neige en la découvrant.

– C'est sombre à l'intérieur !
ajoute-t-elle en regardant par
le carreau sale de la fenêtre.
Puis la jeune fille frappe
à la porte. Personne ne répond.
– Il y a quelqu'un ? appelle-t-elle
avant d'entrer prudemment,
suivie de ses petits compagnons.

– Il y a sept petites chaises, observe Blanche-Neige à l'intérieur. Il doit y avoir sept enfants, et si j'en juge par la saleté de cette pièce, sept enfants peu soigneux ! Mais peut-être qu'ils sont orphelins ? Mettons de l'ordre et faisons-leur une surprise !
Blanche-Neige et ses amis se mettent alors joyeusement au travail.

Pendant ce temps, les habitants de la chaumière sont à la mine la plus proche. Ils ne sont pas des enfants, mais Sept Nains qui sont frères. Ils piochent en rythme à la recherche de diamants étincelants et de pierres précieuses.
Soudain, l'horloge sonne la fin de la journée. Il est temps pour eux de rentrer !

50 CARATS
20 CARATS

En file indienne, Prof, Grincheux, Joyeux, Dormeur, Timide, Atchoum et Simplet prennent le chemin de la chaumière :

– Hé ho, hé ho, on rentre du boulot ! chantent-ils gaiement tandis que le soleil se couche.

Après avoir nettoyé le rez-de-chaussée, Blanche-Neige et les animaux montent à l'étage.

– Les adorables petits lits ! s'exclame-t-elle en découvrant la chambre. Et regardez, des noms sont gravés sur chacun d'eux. Mais comme j'ai sommeil tout à coup ! bâille-t-elle, imitée par ses amis.

Blanche-Neige s'étend et s'endort aussitôt.

HAPPY

– Hé ho, hé ho, on rentre du boulot !
Le chant des Nains qui se rapprochent éveille brusquement les animaux. Tous quittent la maison en laissant leur amie endormie.
Quand les Sept Nains arrivent dans la clairière, ils remarquent avec stupeur que la lumière brille dans leur maison.
–Saperlipopette ! s'écrient-ils, effrayés.

Qui a bien pu venir en leur absence ?
Armés de leur pioche, les Sept Nains entrent à pas de loup dans la chaumière.
– Regardez, toute la pièce est propre ! s'écrie Prof.
– L'évier est vide, s'étonne Atchoum. On a volé notre vaisselle !
– On ne l'a pas volée, on l'a rangée dans le buffet, constate Joyeux, stupéfait.

Comme ils ne voient personne au rez-de-chaussée, ils montent à l'étage. Dans leur chambre, ils sont accueillis par une forme blanche qui s'agite. Blanche-Neige, encore recouverte du drap, s'étire. Les Sept Nains se concertent :

– Quel monstre !

– Il lui faut trois lits...

– Tuons-le avant qu'il ne s'éveille !

DOPEY
SNEEZY
HAPP

Brandissant leur pioche, les Sept Nains s'approchent de la forme endormie... et découvrent Blanche-Neige !

– Qu'est-ce que c'est ? interroge Joyeux.

– C'est une jeune fille, répond Prof.

– Elle est belle, ajoute Timide en rougissant.

– Chut, dit Dormeur, vous allez la réveiller !

– Qu'elle se réveille, râle Grincheux, elle n'a rien à faire ici !

En effet, le bruit tire Blanche-Neige de son sommeil. Effrayés, les Sept Nains se cachent au pied des lits.
– Mais vous êtes de petits hommes ! constate Blanche-Neige en les apercevant. Laissez-moi deviner vos noms, je les ai lus sur vos lits…

SNEEZY

– Toi, tu es Prof, déclare-t-elle. Toi, tu es Timide.
Toi, tu es Dormeur, et toi, tu es Atchoum. Toi, tu dois être…
– Joyeux, réplique ce dernier, et lui, c'est Simplet, il ne peut pas parler.
– Quel dommage, reprend Blanche-Neige.
Quant à toi, tu dois être Grincheux, dit-elle au dernier Nain qui la regarde d'un air bougon.

– Quant à moi, je suis la princesse Blanche-Neige, conclut-elle. J'ai dû m'enfuir car la Reine veut ma mort. Si vous me laissez rester ici, je m'occuperai de la lessive, du ménage, et je vous ferai des gâteaux !
Les Sept Nains acceptent de bon cœur avant d'observer avec fascination les talents de cuisinière de leur nouvelle amie.

Alléchés par la bonne odeur
de la soupe, les Sept Nains
se précipitent à table.
– Ce n'est pas encore prêt,
leur dit Blanche-Neige.
Vous pouvez vous laver
en attendant.

– Inutile, on s'est lavé les mains… il n'y a pas longtemps,
assure Prof.
– Alors montrez-les-moi ! réplique la jeune fille en
se retenant de rire tandis que les Sept Nains lui
présentent des mains bien sales !

Penauds, ils sortent pour se laver.
– Courage, mes frères ! leur dit Prof.
– On ne va pas se laver quand même ? interroge Timide.
– Mais si, ça va faire plaisir à la princesse ! répond Prof.
Ils acquiescent et se lancent courageusement dans une toilette énergique. Seul Grincheux boude dans son coin.

– Il n’est pas né celui qui me forcera à me laver ! râle ce dernier.

À peine Grincheux a-t-il prononcé ces mots que ses frères se jettent sur lui et le plongent dans l’eau !

Tous le nettoient. Puis ils lui ajoutent des nœuds dans la barbe et posent une couronne de fleurs sur sa tête.

Maintenant, ils sont prêts pour le dîner.

Au château, la Reine interroge à nouveau son miroir magique. Mais une fois de plus, sa réponse n'est pas celle qu'elle espérait :

– Dans la chaumière des Sept Nains demeure Blanche-Neige, déclare le miroir. C'est elle la plus belle !

– Impossible ! Son cœur repose dans ce coffret, répond la Reine.

– Tu te trompes, c'est le cœur d'une biche !

La Reine est furieuse d'avoir été trahie par le chasseur. Puisqu'elle ne peut se fier à personne, elle s'occupera elle-même de Blanche-Neige !

Elle descend dans les caves du château où elle pratique la magie en secret. Là, elle prépare une potion qui la rendra méconnaissable.

– Que le charme agisse ! s'écrie-t-elle avant de boire.

La Reine pousse un hurlement de douleur. Elle lâche la coupe. Ses mains deviennent ridées et noueuses, sa voix s'éraille, de longues mèches de cheveux gris s'échappent de sa couronne. Quant à son manteau de satin, il s'est changé en cape noire. La Reine ressemble désormais à une horrible vieille femme.

Elle se penche à nouveau sur son grimoire à la recherche d'une recette de poison.

– J'ai trouvé ! Le sommeil de mort ! Un seul morceau de pomme trempé dans ce poison plongera Blanche-Neige dans un sommeil éternel !

Relevant la tête, elle éclate d'un rire diabolique.

À la chaumière des Sept Nains, l'heure est à la fête. Après le dîner, les sept frères ont décidé de célébrer en musique l'arrivée de Blanche-Neige. Même Grincheux se joint au concert. Quant à Simplet, il s'est perché sur Atchoum pour danser avec la princesse. Ils tourbillonnent au son du banjo, du pipeau et de l'orgue.

Au château, la Reine plonge une pomme dans un chaudron de poison. Une tête de mort se dessine sur le fruit.
– Voyons, lit-elle dans son grimoire, la victime du sommeil de mort ne peut être sauvée que par un premier baiser d'amour. Il n'y a pas de danger ! Les Sept Nains vont croire Blanche-Neige morte, elle sera enterrée vivante !

Le lendemain matin, Blanche-Neige embrasse les Sept Nains sur le crâne pour leur souhaiter une bonne journée. Avant de partir à la mine, Prof met Blanche-Neige en garde :

– La Reine est très rusée, une vraie sorcière !
Prenez garde aux inconnus.
Il a raison d'être inquiet : cachée derrière un arbre,
la Reine attend leur départ.

Alors que Blanche-Neige pétrit de la pâte, elle est interrompue par une vieille dame qui apparaît à la fenêtre.

– Tu es seule ? demande-t-elle. Qu'est-ce que tu prépares ?

– Des tartes aux prunes, répond Blanche-Neige.

– Les tartes aux pommes, c'est ce que les hommes préfèrent, réplique la vieille femme en lui montrant le fruit empoisonné.

Tout à coup, les oiseaux amis de Blanche-Neige interviennent. Contrairement à la jeune fille qui ne se méfie pas, ils ont bien senti que cette marchande est dangereuse ! Ils tentent de la chasser en voletant autour de son visage.

– Vous n'avez pas honte d'effrayer cette pauvre vieille dame ! s'écrie Blanche-Neige en les chassant.

La Reine fait semblant d'avoir mal au cœur.
– Ma jolie, fais-moi entrer chez toi pour que je m'y repose.
– Asseyez-vous, propose Blanche-Neige en la faisant venir dans la chaumière. Je vais vous donner un peu d'eau fraîche !

Épouvantés, les animaux se précipitent à la mine.
Ils tentent d'alerter les Sept Nains, en vain.
– Peut-être que la Reine a retrouvé Blanche-Neige…, finit par déclarer Dormeur entre deux bâillements.
Les Sept Nains comprennent enfin l'urgence de la situation.
À dos de chevreuil ou de biche, ils galopent jusqu'à la chaumière.

– Merci mon enfant, dit la sorcière. Puisque tu as été si gentille, je vais te dire un secret. Cette pomme exaucera ce que tu désires si tu la croques !
– C'est vrai ? demande Blanche-Neige.
– Oui ! insiste-t-elle. Prends la pomme et fais un vœu !
– Je voudrais que mon prince m'emmène dans son château, où nous vivrons heureux.

Pour semer les Sept Nains, la Reine prend un chemin escarpé menant en haut d'une falaise. Parvenue au sommet, elle saisit un bâton et fait levier sur un rocher pour le faire basculer sur ses poursuivants :

– Je vais vous broyer les os ! s'écrie-t-elle.

– Attention ! crie Grincheux.

Les Sept Nains n'ont plus le temps de faire demi-tour, la Reine est sur le point de les écraser !

C'est alors que la foudre vient
frapper la corniche sur laquelle
elle se trouve.
Projetée en arrière, elle tombe dans
le vide en poussant un hurlement d'effroi
qui résonne dans toute la forêt.

Blanche-Neige croque la pomme puis s'effondre sur le sol, inanimée.
– Ça y est, je suis la plus belle sur terre ! ricane la méchante Reine en savourant son triomphe.

Au moment où la Reine sort de la chaumière, la pluie se met à tomber violemment. Le tonnerre gronde. Et les Sept Nains surgissent dans la clairière :

– La voilà, rattrapons-la ! crie Grincheux en apercevant la vieille sorcière.

Entraînant ses frères à sa suite, ils se lancent à sa poursuite.

Les Sept Nains n'ont pu se résoudre à enterrer Blanche-Neige. Ils lui ont façonné un cercueil de verre orné d'or et veillent constamment auprès d'elle.
Le prince, parti à la recherche de sa bien-aimée, entend un jour parler de la mystérieuse beauté dans son cercueil de verre. Il se rend à son tour à son chevet…

Et reconnaît la jeune fille qui chantait près du puits ! Mais il est trop tard pour lui déclarer une nouvelle fois son amour. Avec tristesse, il se penche sur Blanche-Neige et dépose un baiser d'adieu sur ses lèvres. Sans le savoir, le prince lui donne son premier baiser d'amour, brisant ainsi le sortilège dont elle était victime !

La princesse ouvre les yeux et tend les bras à son prince. Enfin, ils se retrouvent. Fous de joie, les Sept Nains et les habitants de la forêt acclament les amoureux. Tandis que le prince emporte Blanche-Neige dans ses bras, la jeune fille salue ses amis :

– Au revoir et merci !

– Revenez vite nous voir ! s'écrient les Sept Nains.

Tenant son cheval blanc par la bride, le prince conduit Blanche-Neige jusqu'à son château. Ensemble, ils vivront heureux pour toujours : le vœu le plus cher de la princesse s'est réalisé.

RETROUVEZ TOUS LES TITRES DE LA COLLECTION

DISNEY • CINÉMA

- ALADDIN
- ALICE AU PAYS DES MERVEILLES
- BAMBI
- BLANCHE-NEIGE ET LES SEPT NAINS
- CARS
- CARS 2
- CARS 3
- CENDRILLON
- CLOCHETTE ET L'EXPÉDITION FÉERIQUE
- CLOCHETTE ET LA FÉE PIRATE
- CLOCHETTE ET LA PIERRE DE LUNE
- CLOCHETTE ET LE SECRET DES FÉES
- COCO
- DUMBO
- ELENA D'AVALOR
- LA BELLE AU BOIS DORMANT
- LA BELLE ET LA BÊTE
- LA BELLE ET LE CLOCHARD
- LA FÉE CLOCHETTE
- LA PETITE SIRÈNE
- LA PRINCESSE ET LA GRENOUILLE
- LA REINE DES NEIGES
- LA REINE DES NEIGES, JOYEUSES FÊTES AVEC OLAF
- LA REINE DES NEIGES, UNE FÊTE GIVRÉE
- LE LIVRE DE LA JUNGLE
- LE MONDE DE NEMO
- LE ROI LION
- LE VOYAGE D'ARLO
- LES 101 DALMATIENS
- LES ARISTOCHATS
- LES NOUVEAUX HÉROS
- MONSTRES & CIE
- PETER PAN
- PINOCCHIO
- RAIPONCE
- RATATOUILLE
- REBELLE
- VAIANA, LA LÉGENDE DU BOUT DU MONDE
- VICE-VERSA
- ZOOTOPIE

Texte : Emmanuelle Caussé – Mise en page : SKGD-Création

Édité par Hachette Livre – 58 rue Jean Bleuzen, 92178 Vanves – Imprimé par Industria Grafica Cayfosa en Espagne – Achevé d'imprimer : mai 2018
ISBN : 978-2-01-323738-3 – Édition : 01 – Dépôt légal : mai 2018 – Loi n°49-956 du 16 juillet 1949 sur les publications destinées à la jeunesse.

Pour tout renseignement concernant nos parutions, nous contacter par téléphone au 01 43 92 38 88 ou par e-mail : disney@hachette-livre.fr

Pour l'éditeur, le principe est d'utiliser des papiers composés de fibres naturelles, renouvelables, recyclables et fabriquées à partir de bois issus de forêts qui adoptent un système d'aménagement durable. En outre, l'éditeur attend de ses fournisseurs de papier qu'ils s'inscrivent dans une démarche de certification environnementale reconnue.